DÉFENSE
DE L'ÉVANGILE.

PARIS,

TOUQUET ET Cⁱᴱ., LIBRAIRE,

GALERIE VIVIENNE.

1826.

DÉFENSE DE L'ÉVANGILE.

OBSERVATIONS présentées à l'audience du Tribunal de Police correctionnelle de Paris, le mardi 12 septembre 1826, par le Libraire TOUQUET, ancien Colonel d'État-major, chevalier de la Légion-d'Honneur, prévenu d'avoir offensé la *Morale religieuse* et la *Religion de l'Etat*, par la publication d'un vol. *in-32*, intitulé l'ÉVANGILE (*partie morale et historique*), formant la Ve livraison de la BIBLIOTHÈQUE POPULAIRE.

(L'audience ouvre à 3 heures 20 minutes.)

M. l'Avocat du roi ayant développé les motifs de l'*incrimination*, l'accusé a pris la parole en ces termes :

MESSIEURS,

Appelé devant vous pour répondre et m'expliquer en personne, sur la publication de l'ÉVANGILE (partie *morale* et *historique*), l'issue du procès qui m'est intenté m'a paru si peu douteuse, que je n'ai pas regardé une défense dans les formes comme nécessaire au gain d'une cause que le bon sens seul peut juger.

Un plaidoyer d'avocat, emportant d'ailleurs avec lui l'exposition et la discussion de tous les principes qui se rattachent à la haute et grave question soulevée par le réquisitoire de M. le Procureur du roi, aurait à mon sens, dans l'intérêt bien entendu de la religion de l'Etat que l'on prétend venger des offenses que je lui aurais faites, plus d'inconvéniens que la publication de tous les *in-32* possibles.

Je me bornerai à de simples explications; vous saurez apprécier mes motifs.

Je commence par assumer l'entière responsabilité de l'ouvrage incriminé : et je vais le disculper. Pour remplir cette tâche, je n'aurai que des faits à citer; je ferai ensuite quelques observations sur les conséquences d'une condamnation, si elle était prononcée.

Je n'ai jamais été cité devant vous, Messieurs; ce procès est le premier que m'intente l'autorité.

Il y a plus de six ans que j'ai donné, *à bas prix*, le premier ouvrage *in-32*, *la Charte à cinq centimes*, octroyée par le feu Roi. Depuis lors, cette publication a été le point de mire de toutes les feuilles ministérielles et de la contre-opposition. Il avait suffi qu'un mauvais plaisant accolât mon nom à celui de la Charte, pour que tous les zélateurs de l'arbitraire concourussent à me faire une réputation. Et comme si ce concert d'injures n'eût pas satisfait mon ambition, un misérable sur le tombeau duquel l'épitaphe de *septembriseur* est déjà gravée, un spadassin condamné pour banqueroute, ont, dans le vain espoir de s'assouvir, publié contre moi deux biographies bien calomnieuses, bien ordurières, bien diffamatoires, dont le mépris public a fait une justice plus éclatante peut-être que celle que je n'ai pas demandée aux tribunaux.

Ces particularités qui semblent étrangères à la cause, s'y rattachent en ce sens que, si je fais un grand commerce des in-32, je tiens à ne pas être confondu avec ceux qui, par des publications scandaleuses, ont jeté le trouble dans les familles et compromis volontairement, et pour un peu de pain, la plus précieuse de nos libertés.

Et gardez-vous, Messieurs, d'attribuer cette solennelle déclaration de mes principes à la position dans laquelle je me trouve. Fatigué de la répéter verbalement, de l'écrire chaque jour, je l'ai fait imprimer fin de juillet; le dépôt a été effectué le 5 août à la Direction de la Librairie; et les 7 et 8, je l'ai expédié à mes correspondans, dans un temps où, certes, j'étais loin de soupçonner que l'*Évangile* pût être incriminé.

J'avoue toutes mes actions, Messieurs; l'hypocrisie n'est pas mon défaut.

Je reprends l'historique des faits.

Au mois de mai dernier, je conçus le projet d'une *Bibliothèque populaire*; j'associai M. Brière à cette opération.

Les premières dispositions arrêtées, nous fîmes, par des motifs d'économie, imprimer à la fois, par M. Marchand-Dubreuil, les couvertures des huit premières livraisons de cet ouvrage dans l'ordre suivant :

I. Histoire de Pierre-le-Grand.
II. Libertés de l'Eglise gallicane.
III. Dictionnaire féodal.
IV. Histoire de Henri IV.
V. L'Évangile (*c'est l'ouvrage incriminé*).
VI. La Grammaire.
VII. La Charte annotée.
VIII. La Botanique.

Rien sans doute de moins hostile, de moins inoffensif, que l'ensemble de ces dispositions.

Un succès inespéré couronna notre entreprise ; il fut fait quatre éditions des *Libertés de l'Eglise gallicane ;* le tirage du *Dictionnaire féodal* fut augmenté.

L'idée première de la *Bibliothèque populaire* m'appartenait ; je proposai à M. Brière de me céder ses droits à l'opération ; ils furent réglés à la 4°. livraison inclusivement ; M. Brière n'eut aucune part à la publication de la 5°.

M. Marchand-Dubreuil, qui avait imprimé les quatre premières livraisons, a dû être complètement rassuré par le *titre* de la 5°. ; les autres libraires, mes coprévenus MM. Mongie, Théry, Lefèvre et Mme. Laîné, sont dans le même cas. Tous étaient de bonne foi.

Si le livre est condamné, c'est moi qui les ai trompés, c'est moi seul qui dois subir la peine.

J'ai besoin, Messieurs, de vous dire toute la vérité sur la fabrication du livre incriminé.

L'*Evangile* devait entrer dans la *Bibliothèque populaire ;* le *prospectus* du mois de mai l'avait annoncé ; et j'ai dit déjà dans quel ordre fixé les huit premières livraisons seraient publiées. Chaque volume devait se composer d'environ 128 pages *in-*32.

Il était évident que la collection des quatre Evangiles ne pouvait pas entrer dans un volume.

Je recourus à la Concordance ; je n'eus plus qu'un seul Evangile, et l'ouvrage fut réduit des trois quarts.

La Concordance ne pouvant entrer dans un seul volume, je résolus d'en faire deux ; et à l'exemple de plusieurs théologiens, je divisai l'*Evangile* en deux parties, l'une *morale* et *historique,* l'autre *divine* et *miraculeuse.*

Quelle partie devait être publiée la première ?... La *morale* eut la préférence. C'est celle qui vous est déférée, et qui a été saisie le 9 août, par la raison, confidentiellement avouée, qu'elle ne contenait pas les *miracles.*

Dès le lendemain, j'envoyai la partie *miraculeuse* et *divine* à M. Marchand-Dubreuil, qui refusa de réimprimer les *Miracles de J.-C.*, par D. Calmet, déjà imprimés avec privilége du Roi, en 1720.

Peu de jours après, ayant été informé, confidentiellement encore, par M. le Juge d'Instruction, du motif de la saisie, j'insistai de nouveau, avec aussi peu de succès, auprès de M. Dubreuil.

Enfin, le samedi 2 septembre, M. le Procureur du roi ayant daigné me confirmer, de voix vive, qu'il allait très-incessamment exercer des poursuites, et m'en dire succinctement les motifs, je m'empressai, dès le lundi matin 4 septembre, de faire constater, par un acte extrajudiciaire, le refus opiniâtre de l'imprimeur.

Voilà, Messieurs, ce que j'ai tenté inutilement, non pour ma justification (je ne crois pas en avoir besoin), mais pour éviter des débats publics.

J'ai été assigné devant vous le 5 au soir; et c'est alors seulement que j'ai appris, *officiellement* et *positivement*, que l'ouvrage est INCRIMINÉ, dans son ensemble et dans ses détails, comme contenant le double caractère d'*offense* et *à la morale religieuse* et *à la religion de l'Etat*.

Je serais encore à m'expliquer comment la *morale de l'Evangile* peut contenir, 1°. *offense à la morale religieuse*, qui ne peut être que celle de l'*Evangile*, et 2°. *offense à la religion de l'Etat*, fondée également sur la *morale de l'Evangile*, si le mot *SUPPRESSION*, répété en tête de toutes les incriminations partielles, ne m'eût révélé la pensée qui a présidé au réquisitoire de M. le procureur du Roi.

Je comprends bien que ce n'est pas pour ce que j'ai fait que je suis en jugement, mais pour ce que je n'ai pas fait.

Sérieusement accusé, ma justification serait tout entière dans l'exposé des circonstances de la cause.

J'ai divisé l'Evangile en deux parties : l'une qui est imprimée.... vous savez pourquoi l'autre ne l'est pas.

Dans cette division naturelle, j'ai suivi l'exemple de l'auteur de la *Morale de l'Evangile* pour le Dauphin, et de don Calmet, auteur des *Miracles de J.-C.*

J'ai reproduit le texte de Sacy; j'ai évité toutes controverses; je ne me suis permis aucunes réflexions, aucuns commentaires; je n'ai rien falsifié, rien supprimé, rien ajouté; la préface n'est pas même de moi : saint Luc en est l'auteur.

J'ai annoncé, franchement et loyalement, que le livre que je publiais, et qui se trouve dans toutes les maisons d'éducation depuis deux siècles, ne contenait que la partie *morale* et *historique* de *l'Evangile*; je n'ai trompé personne. J'ai donné comme *morale* ce qui m'a paru tel, et comme *historique* ce qui est tombé sous ma faible intelligence.

Je n'ai point infirmé les miracles; et il n'y aurait, de ma part, que défaut de discernement, si j'avais réservé, pour la seconde partie, des faits historiques dans l'acception du mot.

L'Académie elle-même (si je n'avais eu d'autres autorités plus respectables), définissant le MIRACLE *un acte de la puissance divine, contraire aux lois connues de la nature*, aurait dicté la division à laquelle je me suis arrêté.

Entre *dire* et *nier*, Messieurs, il y a la même différence qu'entre *s'abstenir* et *agir*. Le silence n'a jamais pu constituer qu'un délit impalpable.

Pour en créer un, le ministère public, à défaut de faits positifs, se voit réduit à incriminer des faits négatifs, des intentions au moins problématiques, et qui n'ont été manifestées par aucun acte extérieur. Mais les suppressions qu'il incrimine, en les supposant volontaires, ne constitueraient pas un délit; elles sont de l'essence de tous les livres ascétiques; et les Evangiles, dictés par l'esprit saint, nous en offrent de nombreux exemples.

Que si j'admets l'accusation que je viens de repousser, que si je l'admets avec toutes les circonstances aggravantes développées par M. l'Avocat du roi; que si vous veniez à dire, Messieurs que les faits de l'accusation sont aussi vrais que ma conscience les sait faux, que résulterait-il de votre déclaration?..... Non que j'aurais *offensé la morale religieuse ou la religion de l'État*, mais que j'aurais *exprimé*, PAR LE SILENCE, *des doutes sur les dogmes de la religion catholique* : genre de délit qui n'est et cultes sont également tolérés et protégés. pays où tous les n'a pu être prévu par aucune loi, dans un

La religion de l'état, dominante sans doute par le nombre des citoyens qui en font profession, n'est ni exclusive, ni intolérante. Le quaker comme le calviniste, l'anabaptiste comme le luthérien, le socinien comme le juif, obtiennent pour leur culte la même protection.

Aussi, chaque jour, un culte outrage impunément un autre culte, par la seule exposition de ses dogmes. Le protestant nie la présence réelle; le juif, la divinité de Jésus-Christ, l'anabaptiste, le plus essentiel de nos sacremens; le socinien, nos miracles les plus respectés, sans que personne les inquiète, parce que la Charte constitutionnelle et les lois de l'état protègent leurs erreurs.

S'il en était autrement, la liberté des cultes serait une cruelle déception, ou plutôt il n'y aurait de liberté d'aucune espèce; car la liberté individuelle, la liberté de la presse, la liberté de conscience, la pensée même, tomberaient sous l'empire de la religion de l'état. Il ne vous resterait, Magistrats, qu'à descendre de vos siéges; l'État serait dans l'Eglise.

M. l'Avocat du roi réplique en peu de mots :

C'est pour la première fois que le sieur Touquet allègue

le refus prétendu du sieur Marchand-Dubreuil d'imprimer la partie *miraculeuse* de l'*Evangile*; il n'en a point parlé devant le Juge d'Instruction. Son *prospectus* a été publié le 8 août : mais déjà le ministère public avait fait son réquisitoire.

M. Touquet : Mon *prospectus* était à l'imprimerie dès la fin de juillet; il a été déposé à la Direction le 5 août, il porte date des 7 et 8 août, jours de son expédition à mes correspondans ; la saisie est du 9; je ne pouvais donc pas avoir connaissance des mesures que l'autorité n'avait peut-être pas encore arrêtées.

M. l'Avocat du roi, interrompant, reconnaît l'exactitude de ces faits, et continue :

Dans ce *prospectus*, le sieur Touquet annonce la publication d'une Bible *in-32*, qu'il n'aurait pas moins mutilée que l'*Evangile*. En supposant, d'ailleurs, qu'il eût imprimé à part les *miracles*, cette publication n'eût point été un remède efficace au mal causé par la première partie. Qui donc aurait pu garantir que tous les lecteurs du premier ouvrage auraient pris soin de lire le second ?

M. Touquet et ses co-prévenus se lèvent et demandent tous à la fois, l'un à répondre aux assertions nouvelles de M. l'Avocat du roi, les autres à présenter quelques observations dans l'intérêt de leur défense personnelle.

M. le Président, au milieu de ces réclamations, avait clos les débats, et renvoyé au 20 septembre, pour prononcer le jugement. (Il était cinq heures un quart ; les interrogatoires avaient tenu l'au-

dience dix minutes; M. Touquet, un quart d'heure;
M. l'Avocat du roi avait pris le reste du temps
pour développer les préventions.)

MM. les Libraires et Imprimeur auraient probablement protesté de leur bonne foi, reconnue déjà par M. l'avocat du Roi ; le principal accusé aurait dit :

Dans l'interrogatoire que j'ai subi devant M. le Juge d'Instruction, la seule question qui m'a été faite (si on peut donner ce nom à une déclaration) est celle-ci : l'*ouvrage est incriminé comme contenant*, DANS SON ENSEMBLE, *outrage à la morale religieuse et à la religion de l'état.* J'ai prié le magistrat de préciser l'accusation : il a répété la question, j'ai répété ma réponse. Là s'est terminée l'instruction *officielle*. Je n'avais pas là de place pour annoncer mon intention de publier les *miracles*, que, dès le 10 août, j'avais proposé à M. Marchand-Dubreuil d'imprimer, d'après l'avis *confidentiel* qui m'avait été donné des motifs de la saisie de la veille. Entendez l'Imprimeur sur ce point ; j'ai fait constater sa persistance dans son refus, par l'acte extrajudiciaire que voici.

Aucune loi ne condamne un Libraire à donner au complet, en une seule livraison, ni l'*Evangile*, ni la *Bible*, ni l'*Encyclopédie*; et s'il a cru devoir les livrer partiellement, le Libraire a, contre ses souscripteurs, action civile, qu'il exerce ou qu'il n'exerce pas, sans que le ministère public ait droit d'intervenir dans les affaires de son commerce ; et quand même il exercerait cette action civile, et que ses souscripteurs seraient condamnés à acheter, vainement les tribunaux les condamneraient-ils à tout lire, ils ne liraient encore que ce qu'ils voudraient : les moyens d'exécution manqueraient.

Et M. Touquet aurait demandé, tant pour lui que pour ses co-prévenus, la restitution de livre saisi.

C'est ce que le Tribunal correctionnel va ordonner ; et il fera justice.

Et c'est dans cette confiance, que le soussigné n'a pas fait sa PROFESSION DE FOI.

TOUQUET.

IMPRIMERIE ANTHELME BOUCHER, RUE DES BONS-ENFANS, N°. 34.

www.ingramcontent.com/pod-product-compliance
Lightning Source LLC
Chambersburg PA
CBHW061620040426
42450CB00010B/2587